D1724159

Новая коллекция из бестселлеров «Едим Дома!» — это компактные и недорогие книги для тех, кто любит готовить по рецептам Юлии Высоцкой. Теперь вам не надо составлять список продуктов, просто отправляйтесь в магазин, взяв книжку с собой, – она легко уместится в сумочке или даже в кармане!

Юлия Высоцкая

Новогодние рецепты

Едим Дома

эксмо Москва 2010

УДК 641/642
ББК 36.997
 В 93

Фото: Александр Гусов, Сергей Моргунов, Вячеслав Поздняков

Дизайн: Елена Лисейкина

Высоцкая Ю.

В 93   Новогодние рецепты / Юлия Высоцкая. — М. : Эксмо, 2010. —
160 с. : ил.

ISBN 978-5-699-44447-2

Этот сборник рецептов из телепрограммы «Едим Дома!» посвящен Новому году.
«Праздничная еда должна быть неожиданной и в то же время не слишком утомительной в приготовлении, ведь какой же это праздник, если мы потратим все силы у плиты?» — считает Юлия Высоцкая и предлагает рецепты блюд, которые она готовит на Новый год и Рождество для своих гостей и близких. Это салат «Окинава» с крабами, рождественский гусь с яблочным пюре, индейка с пастернаком и клюквенным соусом, венский пирог с вишней, торт из шоколадных меренг с шоколадным кремом и многое другое.

Подобная книга издается впервые!

УДК 641/642
ББК 36.997

ISBN 978-5-699-44447-2

Содержание

Салаты и закуски

Горячие блюда

Выпечка, десерты, напитки

Новый год — праздник удивительный. И прежде всего потому, что он всех объединяет. Новый год обостряет в нас древнейший коллективный инстинкт, желание быть вместе со всеми, не только в кругу друзей, родных и близких, но вообще среди людей. Новый год — это как день рождения, только для всех сразу. Это предвкушение и ожидание чего-то необычного и радостного, что должно очень скоро случиться. Это ощущение будущего, которое вот-вот станет настоящим. И почему-то все верят, что новый год будет лучше, чем уходящий. И всеобщее возбуждение перед праздником — это уже сам праздник.

Новогодний стол — только часть торжества, но часть весьма существенная, потому что еда — важнейшая составляющая нашей жизни. Все хотят, чтобы праздничная еда была неожиданной и в то же время не слишком утомительной в приготовлении. Ведь какой же это праздник, если мы потратим все силы у плиты? И какой же это кайф — наблюдать, как за полчаса исчезает в тарелках труд целых двух дней!

А Новый год, пожалуй, мой любимый праздник, и именно поэтому я решила подготовить новогоднюю книгу рецептов. Надеюсь, что она поможет многим, но в первую очередь женщинам, на чьи хрупкие плечи ложатся предпраздничные заботы. Очень хочется, чтобы, покидая кухню, женщины оставались красивыми, возбуждающими интерес, а не жалость. И как приятно, когда за столом все замечают не только салаты и индейку (что тоже немаловажно, и хочется аплодисментов), но и то, как замечательно выглядят любимые жены, мамы и как светятся их глаза.

С Новым годом!

Салаты и закуски

Салат с козьим сыром и руколой

небольшой
французский багет

пучок руколы

салат радиккио

100 г мягкого козьего
сыра

1 ст. л. французской
горчицы

2—3 ст. л. винного
уксуса

3—4 ст. л. оливкового
масла

2 ст. л. сливочного
масла

1 зубчик чеснока

свежемолотый
черный перец

морская соль

1. Нарезать багет ломтиками, смазать
   сливочным маслом и обжарить
   на разогретой сковороде с обеих сторон.

2. Козий сыр нарезать кружочками, положить
   по кусочку на обжаренные ломтики багета
   и поставить в духовку под гриль
   на 8—10 минут.

3. Сделать заправку: растереть чеснок
   с солью, добавить перец, горчицу, уксус
   и оливковое масло.

4. Нарезать крупно листья салата, заправить
   их, сверху положить 2—3 кусочка
   запеченного с сыром багета.

В Лондоне есть такое кафе, называется «Cafe
Rouge», — оттуда этот рецепт.

Салат из свеклы «Наполеон»

4 отварные свеклы

150 г мягкого козьего сыра (или творога)

1 стебель сельдерея

1 зубчик чеснока

горсть обжаренных подсолнечных семечек

горсть порубленной петрушки

сок половины лимона

2 ст. л. любого растительного масла

3 ч. л. гранатового сока

горсть гранатовых зерен

щепотка красного перца

щепотка тмина

щепотка морской соли

1. Нарезать свеклу кружочками толщиной 5 мм.

2. Размять вилкой козий сыр, добавить семечки, мелко нарезанные сельдерей и чеснок, перемешать.

3. На ломтик свеклы выложить часть начинки, накрыть вторым ломтиком, затем еще слой начинки и еще один ломтик свеклы. Всего 3—4 слоя.

4. Смешать лимонный и гранатовый сок, растительное масло, перец, тмин, соль и зерна граната.

5. Полить заправкой и посыпать петрушкой.

Лет десять назад одним из самых модных ресторанов в Беверли Хиллз был ресторан «Spago» знаменитого шефа Вольфганга Пака. Меня туда привел мой муж и сказал: «Я сам все закажу, я знаю, что здесь есть». И заказал этот салат (еще пиццу, цыпленка и какие-то немыслимые десерты). А я тогда была уверена, что свекла бывает только с чесноком и майонезом или в «Селедке под шубой».

Куриный салат с горчичным соусом

3 куриные грудки без кожи (по 115 г)

4 большие моркови

1 средний пучок сельдерея

4 пучка листового салата

2 ст. л. зернистой горчицы

1 $\frac{1}{2}$—2 ст. л. уксуса или лимонного сока

любая зелень

оливковое масло первого холодного отжима

морская соль

свежемолотый черный перец

Хорошенько перемешать все ингредиенты.

Духовку предварительно разогреть до 150 °C.

1. Куриные грудки промыть водой, высушить, посолить, смазать оливковым маслом и завернуть в фольгу, оставив маленькое отверстие для того, чтобы выходила ненужная влага. Запекать в фольге до готовности. Оставить минут на 15—20, чтобы курица остыла.

2. Морковь нарезать соломкой, сельдерей мелко порубить.

3. Сделать соус, смешав горчицу, 4 ст. ложки оливкового масла, уксус, мелко–мелко рубленную зелень, щепотку соли и немного перца.

4. Порезать охлажденные куриные грудки на тонкие длинные ломтики, положить их в миску вместе с морковью и сельдереем и заправить получившимся соусом.

5. Разложить хорошо промытые листья салата на тарелки, а сверху — заправленную соусом курицу с морковью и сельдереем.

Для этого рецепта подойдет любая зелень: тархун, петрушка, кинза, тимьян — по отдельности или вместе, а вот салат лучше взять хрустящий.

Салат из средиземноморских запеченных овощей

3 баклажана

4 крупных желтых сладких перца

4 крупных красных сладких перца

2 фенхеля

2 красные луковицы среднего размера

2 кабачка или цукини

4 зубчика чеснока

сок лимона или яблочный уксус

1 ст. л. сухих прованских трав

пучок любой зелени по вкусу

оливковое масло первого холодного отжима

морская соль

Духовку предварительно разогреть до 250 °C.

1. Баклажаны порезать вдоль на восьмушки, выложить на противень, взбрызнуть небольшим количеством оливкового масла и присыпать щепоткой соли. Запекать в разогретой духовке в течение 20 минут до полной готовности — баклажаны должны стать золотистого цвета. Переложить в салатницу.

2. Чеснок очистить и мелко порубить.

3. Уменьшить температуру духовки до 220 °C. Перчики очистить от сердцевины и семян, разрезать так же на восьмушки, разложить на противне, взбрызнуть маслом, присыпать морской солью, $\frac{1}{2}$ ст. ложки сухих прованских трав и чесноком и запекать в духовке 10—15 минут до полной готовности. Выложить перец в дуршлаг, чтобы стек лишний сок.

4. Разрезать на восьмушки фенхель и репчатый лук, тонко нарезать кабачки, соединить их, выложить на противень, взбрызнуть маслом. Добавить щепотку соли и оставшиеся прованские травы. Запекать в духовке 8—10 минут до тех пор, пока фенхель не будет готов.

5. Все ингредиенты охладить до комнатной температуры, выложить в салатницу к баклажанам, перемешать, взбрызнуть соком лимона или яблочным уксусом, а также присыпать любой свежей зеленью.

Салат из перца с фетой и помидорами

1 красный сладкий
перец

1 желтый сладкий
перец

250 г помидоров-
вишенок

100 г сыра фета,
нарезанного
небольшими кубиками

4 ст. л. оливкового
масла

2 ст. л. бальзамичес-
кого уксуса

10 горошин черного
перца

10 веточек свежего
чабреца

1 зубчик чеснока

2 ст. л. сухих
прованских трав

1 ч. л. сладкого
молотого красного
перца

1 $\frac{1}{2}$ ч. л. куркумы

морская соль

1. Перец обжарить на гриле или запечь
   в духовке. Положить на несколько минут
   в пластиковый пакет, чтобы он «пропотел»,
   снять кожицу, вынуть сердцевину вместе
   с семенами и нарезать длинными
   полосками.

2. Помидоры разрезать пополам.

3. Перемешать куркуму и молотый красный
   перец. Половину кубиков сыра обвалять
   в куркуме и перце, а вторую половину —
   в прованских травах.

4. Истолочь в ступке черный перец, щепотку
   соли, половину чабреца, добавить оливковое
   масло и бальзамический уксус. Все
   перемешать, поделить заправку пополам
   и в одну ее часть добавить продавленный
   через чеснокодавку или очень мелко
   нарезанный чеснок.

5. В заправке с чесноком обвалять перец,
   а в другой части заправки — половинки
   помидоров.

Подавать салат в широких стеклянных
стаканах. Уложить на дно каждого немного
перца, затем несколько половинок помидоров,
сверху разноцветные кубики сыра и украсить
веточками чабреца.

Я готовлю этот салат, когда мне нужно
произвести впечатление: все очень просто,
но выглядит «на миллион»!

Тосканский салат «Панцанелла»

1 кг помидоров

3 сладких перца

150 мл оливкового масла

2 ст. л. винного уксуса

3 анчоуса

15 оливок

горсть каперсов

1 большая чиабатта или другой хлеб, который вы любите (лучше всего вчерашний)

горсть листьев базилика

щепотка молотого перца чили

большая щепотка морской соли

1. С хлеба срезать корку и нарезать его ломтиками.

2. Помидоры натереть на терке, так чтобы кожура осталась в руке — она не нужна. Добавить оливковое масло, уксус, перец чили и соль.

3. Сладкий перец обжарить на сковороде-гриль или в духовке до готовности, положить на 5 минут в полиэтиленовый пакет. Затем снять кожицу, удалить семена и нарезать длинными полосками.

4. Из оливок вынуть косточки и разломать на половинки.

5. Анчоусы замочить на несколько минут в воде, затем два из них разделать на филе, а один мелко нарезать.

6. На большое блюдо выложить одним слоем хлеб и полить его соусом из помидоров так, чтобы вся поверхность хлеба пропиталась соком. Если хочется, взбрызнуть оливковым маслом. Затем посыпать оливками и каперсами, разложить большие кусочки анчоусов. Сверху выложить сладкий перец и присыпать мелко нарезанным анчоусом и листиками базилика.

На самом деле это не салат, а праздник! В Тоскане его все делают по-разному, главное, по-моему, это баланс между соусом и количеством хлеба — хлеб должен очень хорошо пропитаться, если он внутри суховат, это уже не панцанелла. Этот вариант из ресторанчика, в котором всего четыре столика, и записываться нужно за неделю, находится он в городе Arezzo.

Салат с грушами и сыром рокфор

3 груши

10 шт. грецких орехов

1 ст. л. меда

2 пучка листового салата (лучше всего руколы)

150 г сыра рокфор

горсть мяты

4 ст. л. оливкового масла

сок $\frac{1}{2}$ лимона

морская соль

свежемолотый черный перец

1. Обжарить в меду грецкие орехи, выложить их на тарелку или металлический противень, чтобы они не слиплись.

2. Листья салата мелко нарезать.

3. Груши нарезать тонкими ломтиками, сбрызнуть их соком лимона, чтобы они не потемнели.

4. Смешать груши с листьями салата, добавить нарезанный кусочками сыр и мяту.

5. Соединить оливковое масло с лимонным соком, посолить, поперчить и перемешать. Залить получившейся заправкой салат.

6. Все еще раз аккуратно перемешать, сверху посыпать орехами.

Груши, яблоки и персики, на мой взгляд, совершенно недооцененные ингредиенты для салатов. Особенно если их запечь, закарамелизировать или просто отварить. В этом салате у нас королевы — груши.

Еgup Дома

Салат из дикого риса с креветками

150 г дикого риса

6—7 больших креветок

сок $\frac{1}{2}$ лимона

сок и цедра 2 лаймов

3 зубчика чеснока

$\frac{1}{2}$ перчика чили без семян

1 корешок имбиря

несколько листиков базилика

4 ст. л. рыбного соуса

4 ст. л. воды

2 ст. л. сахара

оливковое масло

морская соль

свежемолотый черный перец

Духовку предварительно разогреть до 180 °C.

1. Отварить дикий рис.

2. Креветки надрезать со стороны брюшка, посолить, поперчить, натереть чесноком, взбрызнуть оливковым маслом и лимонным соком и запекать в духовке 15 минут.

3. Мелко изрубить чеснок и чили, натереть имбирь и цедру лаймов. Добавить сок лаймов, рыбный соус, воду и сахар. Все хорошенько перемешать, так чтобы сахар растворился.

4. Заправить рис получившимся соусом.

5. Очистить креветки от панцирей и добавить в салат, посыпать листиками базилика.

Мне кажется, у нас еще не многие по достоинству оценили дикий рис, и совершенно напрасно — по своим полезным свойствам это уникальный продукт. А насколько он хорош в салатах, вы узнаете, освоив этот рецепт!

Салат с авокадо

1 авокадо

1 пучок фриссе
(или другого
листового салата)

полбатона белого
хлеба

1 зубчик чеснока

100 г бекона

5 ст. л. оливкового
масла

2 ст. л. винного уксуса

морская соль

свежемолотый
черный перец

Духовку предварительно разогреть до 190 °C.

1. Положить вымытые и высушенные листья салата в пластиковый контейнер и поставить в холодильник на несколько часов.

2. Срезать с хлеба корку, натереть его чесноком.

3. Поломать хлеб на небольшие кусочки, уложить их на противень, сбрызнуть оливковым маслом и запекать в духовке 8—10 минут.

4. Обжарить бекон на сковороде до появления хрустящей корочки, просушить его на бумажном полотенце.

5. Выложить листья в глубокую салатницу.

6. Разрезать авокадо пополам, удалить косточку.

7. Чайной ложкой сформовать из мякоти авокадо небольшие шарики, уложить их на салат, затем сверху положить получившиеся из хлеба крутоны и бекон.

8. Соединить оливковое масло с винным уксусом, посолить и поперчить. Полить заправкой салат и все аккуратно перемешать.

Авокадо — это не зверь, это очень вкусный фрукт, хотя внешне он похож на овощ!

Салат из инжира с моцареллой

8 плодов свежего инжира

6 небольших моцарелл

60 мл оливкового масла

сок 1 лимона

2 ч. л. бальзамическо–го уксуса

горсть листьев базилика

щепотка сухого чабреца

щепотка сухого майорана

морская соль

свежемолотый черный перец

1. Смешать оливковое масло, лимонный сок и бальзамический уксус, добавить соль и перец.

2. Срезать плодоножки с инжира и нарезать его кружочками.

3. Уложить в один слой на большое блюдо, посыпать чабрецом и майораном, полить заправкой. Затянуть пленкой и поставить на 1 час в холодильник.

4. Достать блюдо из холодильника и выложить на инжир моцареллу, разломив каждую пополам. Чайной ложечкой полить моцареллу соусом, в котором мариновался инжир, и посыпать базиликом.

То, что сочетание сыра с курагой, сушеным инжиром, орехами — это вкусно, я поняла еще лет в десять в Тбилиси. Рокфор со свежей грушей мне дал попробовать муж, а оттуда и возник салат с моим любимым инжиром и моцареллой.

Салат «Окинава» с крабами

150 г листьев салата (лучше взять разные)

200 г крабового мяса

2 ст. л. сливочного сыра (типа филадельфии)

$\frac{1}{2}$ ч. л. хрена васаби

1 ч. л. соевого соуса

сок $\frac{1}{2}$ лайма

цедра 1 лайма

$\frac{1}{2}$ ч. л. мелко натертого имбиря

5 стрелок зеленого лука

розовый перец

1. Сделать заправку из сыра, васаби, имбиря, соевого соуса, сока и мелко натертой цедры лайма, перемешав все ингредиенты.

2. Выложить листья салата на тарелки, в центр, на листья, положить кусочки крабов, полить крабовое мясо заправкой, присыпать нарезанным тонко по диагонали зеленым луком и розовым перцем.

Тонкая японская тема, это мой любимый крабовый салат — убойное сочетание сладковатого мяса краба с острым, но в то же время нежным соусом. Вместо листьев салата можно подавать с отварным охлажденным рисом или с тонко нарезанными цукини, обжаренными на гриле.

Салат «Оливье» с домашним майонезом

200 г крабового мяса

3 картофелины

3 небольшие моркови

3 яйца

1 яблоко

зеленый горошек

3 соленых огурчика

5 стрелок зеленого лука

2 свежих сырых желтка

$\frac{1}{2}$ ст. л. горчицы

сок 1 лимона

400 мл оливкового масла

морская соль

свежемолотый черный перец

небольшой пучок укропа

нежирная сметана

1. Отварить морковь, картофель и яйца, остудить и почистить.

2. Все ингредиенты для салата мелко нарезать, добавить зеленый горошек, соль и перец. Перемешать.

3. Испечь эклеры (см. рецепт на стр. 130).

4. Приготовить майонез: желтки комнатной температуры, соль, перец и горчицу растереть венчиком, добавить 1 ст. ложку лимонного сока и начать взбивать. По капле добавлять оливковое масло, взбивая не останавливаясь, затем добавить еще 2 ст. ложки лимонного сока и продолжить вливать оливковое масло уже тоненькой струйкой. Лимонный сок добавлять, как только консистенция становится слишком густой, и взбивать до состояния крепкой, густой массы.

5. Перемешать 2 части майонеза и 1 часть сметаны.

6. Заправить майонезом со сметаной салат и начинить им эклеры.

Приготовление майонеза требует практики, и если у вас не получилось с первого раза, продолжайте настаивать, и удача сдастся и улыбнется (хотя здесь есть небольшой секрет, который мне открыла очень красивая француженка Александра, — нужен маленький венчик и небольшая миска, тогда все получится).

Еда Дома

Салат из тунца и фасоли

200 г фасоли

200 г консервирован-
ного тунца
(в собственном соку
или в оливковом
масле)

2 красные сладкие
луковицы

3 зубчика чеснока

3 ст. л. оливкового
масла

2 ст. л. винного уксуса

пучок свежего
базилика

морская соль

свежемолотый
черный перец

1. Предварительно замочить фасоль, лучше
   на ночь, затем отварить ее, не добавляя
   соли.

2. Полукольцами, как можно тоньше, нарезать
   лук, а чеснок — тоненькими пластинками.

3. Сделать заправку из оливкового масла,
   уксуса, щепотки соли и перца, добавить
   в нее лук и чеснок.

4. Выложить фасоль на большое блюдо,
   полить половиной заправки вместе с луком
   и чесноком, сверху выложить кусочки тунца,
   присыпать базиликом, полить оставшейся
   заправкой с луком и чесноком и украсить
   оставшимися листиками базилика.

Подавать тут же!

Если у вас есть возможность использовать
свежую рыбу — обязательно попробуйте этот
рецепт, только тогда обжарьте тунца,
предварительно поперчив, посолив и смазав
оливковым маслом, на сковороде–гриль
по 2 минуты с каждой стороны, чтобы внутри
рыба осталась розовой, и разломайте сверху
на фасоль. Если у вас консервы, тоже
замечательно, сочетание фасоль — тунец
работает и с консервированной рыбой.

Едим Дома

Салат из дикого риса с курагой и изюмом

500 г дикого риса

200 г изюма

100 г кураги

1 красная луковица

1 ст. л. сливочного масла

горсть кедровых (или других) орешков

1 стакан крепко заваренного чая с бергамотом

2 ст. л. оливкового масла

морская соль

1. Залить рис 1 литром кипятка и варить 40 минут.

2. Изюм замочить в чае с бергамотом.

3. Нарезать длинными полосками курагу, луковицу порезать кольцами.

4. В небольшой сковородке разогреть сливочное масло, обжарить нарезанный лук, добавить курагу и прожарить 1—2 минуты.

5. В другой сковороде обжарить горсть кедровых орешков.

6. Готовый рис отбросить на дуршлаг, не промывать.

7. В горячий рис добавить курагу с луком, кедровые орехи. Изюм отжать и также добавить в рис, все хорошенько перемешать.

Заправить оливковым маслом, посолить по вкусу.

Если рис замочить на ночь, то варится он 10—15 минут. Обычно готовлю из оставшегося риса, иногда добавляю гранатовый соус Наршараб, иногда клюкву вместо изюма, чернослив вместо кураги и любые орешки. Это просто идея для замечательного аккомпанемента к мясу и рыбе, хорош и просто так, сам по себе.

Теплый салат с луком, беконом и руколой

2 пучка руколы

2 красные луковицы

150 г бекона

100 г кедровых орешков

50 г пармезана

2 ст. л. оливкового масла

1 ст. л. бальзамического уксуса

горсть порубленного базилика

щепотка сухих прованских трав

морская соль

свежемолотый черный перец

1. Лук почистить и разрезать каждую луковицу на восемь частей.

2. Бекон, нарезанный длинными полосками, обжарить до золотистого цвета и выложить на бумажное полотенце.

3. В сковороде, на оставшемся от бекона жире, поджарить лук. Когда он станет мягким и золотистым, посолить и добавить прованские травы.

4. В другой сковороде разогреть оливковое масло, добавить кедровые орешки, бальзамический уксус, бекон и лук, посолить и поперчить.

5. На большое блюдо выложить листья руколы, сверху лук и бекон с орешками. Посыпать натертым хлопьями пармезаном и базиликом.

Подавать салат тут же, теплым!

Современная английская кухня. Я была убеждена, что в городе Йорк, кроме «fish and chips» (рыбы с картошкой), поесть ничего не удастся, а вот таким чудным салатом нас угощали в кафе «Betty».

Теплый салат с курицей и грибами

1 филе куриной
грудки

100 г грибов
портобелло

100 г любых салатных
листьев

100 г бекона

1 луковица

1 апельсин

2 зубчика чеснока

2 ст. л. натурального
йогурта

горсть кинзы

щепотка прованских
трав

1 ч. л. бальзамичес-
кого уксуса

1 ст. л. сливочного
масла

оливковое масло

морская соль

свежемолотый
черный перец

1. Куриную грудку и бекон нарезать тонкими
   полосками, обжарить на 1 ст. ложке
   оливкового масла до золотистого цвета
   и выложить на бумажное полотенце.
   Сковороду отставить в сторону, но не мыть.

2. Разогреть в другой сковороде 1 ст. ложку
   оливкового и 1 ст. ложку сливочного масла
   и слегка обжарить нарезанный кольцами
   лук и 1 зубчик чеснока. Добавить
   почищенные и крупно нарезанные грибы,
   соль, перец и прованские травки
   и, помешивая, жарить 2—3 минуты.

3. Растереть зубчик чеснока со щепоткой
   соли. Смешать чеснок, йогурт, 1 ст. ложку
   оливкового масла, 1 ст. ложку
   апельсинового сока, 1 ч. ложку
   бальзамического уксуса, тоненько
   нарезанную или натертую цедру апельсина
   и щепотку перца.

4. Полить листья салата половиной заправки
   и выложить на большое блюдо, а сверху —
   грибы и курицу с беконом. Добавить
   1 ст. ложку жира, в котором жарилась
   курица, в заправку и полить ею сверху
   курицу и грибы, присыпать кинзой
   и подавать.

Грибы портобелло теперь совсем не редкость
в наших магазинах, но если не нашли — смело
берите обычные шампиньоны!

Овощные корзиночки

2 цукини

1 баклажан

5 картофелин

5 помидоров

5 луковиц

$1/2$ ч. л. шафрана

$1/2$ белого батона

5 ст. л. оливкового масла

4 зубчика чеснока

по щепотке сухих прованских трав, орегано, майорана

горсть порубленного базилика

горсть порубленной петрушки

морская соль

свежемолотый черный перец

Духовку предварительно разогреть до 200 °C.

1. Картофель опустить в кипящую воду, добавить шафран, варить 8—10 минут.

2. Баклажаны и цукини разрезать на 3—4 части (в зависимости от размера овощей), сохраняя донышко, вынуть мякоть так, чтобы получились корзиночки. Так же поступить с остальными овощами.

3. Мякоть всех овощей и 2 зубчика чеснока мелко порубить. Разогреть в сковороде 3 ст. ложки масла, слегка поджарить порубленные овощи. Посолить, поперчить, добавить прованские травы, орегано и майоран, порубленную свежую зелень.

4. С батона срезать корку, мякоть измельчить в блендере. Разогреть 2 ст. ложки масла, добавить 2 дольки чеснока, хлебные крошки и все вместе обжарить. Вынуть чеснок. Смешать хлебные крошки с тушеными овощами и начинить корзиночки.

5. Сделать из фольги большой карман, поставить в него корзиночки, закрыть карман и запекать в разогретой духовке или на гриле 35—40 минут.

Это пример того, как простые тушеные овощи выглядят нарядно и поэтому просто «разлетаются», из серии «кто успел, тот и съел»!

Овощная лазанья с козьим сыром

2 баклажана

2 цукини

2 луковицы

2 красных сладких перца

2 желтых сладких перца

2 крупных помидора

200 г мягкого козьего сыра

50 мл оливкового масла

сок 1 лимона

горсть порубленной кинзы

горсть порубленного базилика

морская соль

свежемолотый черный перец

Духовку предварительно разогреть до 180 °C.

1. Цукини и баклажаны нарезать вдоль полосками толщиной 5 мм. Баклажаны присыпать солью и оставить на 10—15 минут, чтобы они отдали свою горечь. Лук нарезать полукольцами.

2. Обжарить цукини, баклажаны, лук и перец на гриле с обеих сторон. Перец на несколько минут положить в пакет, затем снять с него кожицу, вынуть семена и крупно нарезать.

3. Помидоры и козий сыр нарезать колечками.

4. Сделать заправку: смешать оливковое масло, лимонный сок, щедрую щепотку соли и перца.

5. Выложить в жароупорную форму слоями: баклажаны, цукини, перец, сыр, помидоры, лук и сверху еще один слой сыра. Каждый слой овощей поливать заправкой и присыпать зеленью.

6. Накрыть форму фольгой и выпекать 30 минут, затем фольгу снять, поставить под гриль или на самый верхний уровень духовки и запекать еще 5 минут.

Этот рецепт — один из самых любимых в нашем доме. Мне кажется, я его изобрела, хотя наверняка эта вкуснятина давно и многим известна.

Закуска из баклажанов с сыром

2 баклажана

100 г сливочного сыра
(или любого другого
не очень твердого
сыра, который вам по
вкусу)

горсть грецких орехов

оливковое масло

Духовку предварительно разогреть до 200 °C.

1. Баклажаны нарезать вдоль тонкими
   пластинками, присыпать солью и оставить
   на 10—15 минут, чтобы они отдали свою
   горечь. Затем обжарить на сковороде−гриль
   с обеих сторон.

2. Застелить противень фольгой, сбрызнуть
   ее оливковым маслом. На каждый ломтик
   баклажана положить кусочек сыра,
   присыпать измельченными в ступке
   грецкими орехами, завернуть и скрепить
   зубочисткой. Запекать не более 3—4 минут.

Баклажаны хорошо обжарить заранее
и незадолго до подачи на стол «заправить»
сыром и запечь. Эта закуска точно не даст
гостям умереть с голоду в ожидании большого
ужина. Подавать можно с тушеными
помидорами.

Суфле из козьего сыра и тимьяна

400 г мягкого козьего сыра

200 г твердого сыра, например пармезана

150 мл сливок

30 г растопленного сливочного масла

6 яиц

1 ст. л. нарубленного тимьяна

несколько веточек тимьяна для украшения

морская соль

свежемолотый черный перец

Духовку предварительно разогреть до 200 °С.

1. 6 жаростойких тарелочек для супа натереть маслом, присыпать четвертью натертого пармезана.

2. Отделить белки от желтков. Взбить яичные желтки до гладкого, шелковистого состояния. Продолжая взбивать, ввести понемногу козий сыр.

3. Добавить сливки, по щепотке соли и перца, измельченный тимьян и половину оставшегося пармезана.

4. Взбить белки со щепоткой соли до состояния крепкой пены и смешать со всей массой. Вмешивать аккуратно, но все-таки бесстрашно!

5. Распределить суфле по тарелкам, присыпать сверху тимьяном и оставшимся пармезаном. Выпекать 8—10 минут.

Суфле должно подняться и стать золотистым. Подавать немедленно! Не забудьте напомнить своим гостям, что тарелки горячие, и, самое главное, не дайте перестоять суфле, чтобы оно не опустилось.

Едим Дома

Закуска из козьего сыра с соусом песто

1 пласт замороженного бездрожжевого теста

150 г мягкого козьего сыра

6 половинок грецких орехов

3 ст. л. мелко натертого пармезана

3—4 ст. л. оливкового масла

горсть листьев базилика

1 долька чеснока

1 сырой желток

морская соль

Духовку предварительно разогреть до 180 °C.

1. Орехи растереть в ступке или измельчить в блендере, добавить чеснок, базилик, оливковое масло, щепотку соли и растереть или взбить все до состояния соуса.

2. Добавить 2 ст. ложки пармезана и чуть-чуть, буквально ложку холодной кипяченой воды. Перемешать.

3. Тесто тонко раскатать и нарезать полосками шириной 10 см (из одного пласта теста должно получиться 4 полоски).

4. Козий сыр разрезать на 4 части. Выложить на тесто кусочек сыра, сверху 1 ч. ложку песто и свернуть тесто в конверт.

5. Смазать желтком и присыпать пармезаном. Выпекать 20—30 минут.

Настоящее песто, как вы наверняка знаете, — это кедровые орехи, чеснок, базилик, пармезан, оливковое масло. Но что значит настоящее? Если вместо кедровых орехов взять грецкие, вместо базилика — кинзу, или то и другое пополам, или базилик — кинза — петрушка, или... что там у вас в горшке, холодильнике есть? Пармезан заменить пекорино, или грюйером, или другим твердым сыром... Какие из этих продуктов не настоящие?! Вот и я о том же! Эта закуска — замечательный разжигатель аппетита или легкий ужин, если подать с салатом.

Шафрановое и чесночное масло

200 г мягкого
сливочного масла

сок 1 лимона

2 ч. л. оливкового
масла

2 зубчика чеснока

горсть листьев
базилика

щепотка шафрана

щепотка кайенского
перца

Шафрановое масло

1. Замочить в соке половины лимона щепотку
   шафрана на несколько минут.

2. 100 г сливочного масла смешать
   с лимонным соком и шафраном, чайной
   ложкой оливкового масла и щепоткой
   кайенского перца.

Чесночное масло

1. В 100 г сливочного масла добавить
   измельченный чеснок и базилик, сок
   половины лимона и чайную ложку
   оливкового масла.

2. Перемешать все ингредиенты до состояния
   однородной гладкой массы.

Подавать охлажденным.

Даже не рецепт, а идея. Оливковое масло
помогает сохранить кремовую консистенцию.

Яйца в тесте с беконом

1 пласт
замороженного
слоеного теста

8 яиц

100 г бекона

100 г твердого сыра
(пошехонский,
швейцарский)

2—3 ст. л. горчицы

сухой укроп

морская соль

Духовку предварительно разогреть до 200 °C.

1. Выложить кусочки бекона на противень
   и в разогретой духовке зажарить
   до золотистого цвета.

2. Раскатать тесто, разрезать его на четыре
   части, уложить в четыре небольшие
   огнеупорные формы, так чтобы стенки
   формы тоже были покрыты тестом,
   и отправить на несколько минут в духовку,
   чтобы тесто слегка пропеклось.

3. Натереть сыр на терке, немного оставить,
   а большую часть перемешать с горчицей.

4. Вынуть тесто из духовки и в каждую форму
   выложить сырно–горчичную начинку,
   аккуратно разбить туда же по 2 яйца,
   положить по нескольку кусочков бекона,
   сверху присыпать оставшимся натертым
   сыром. Запекать в духовке 12—15 минут.
   Готовое блюдо посыпать укропом и солью.

Оригинальный и очень быстрый рецепт —
отличный спасатель, если гости пришли
неожиданно рано. Не передержите в духовке,
яйцо должно быть почти всмятку.

Горячие блюда

Тальятелле с лисичками

500 г макарон тальятелле

500 г лисичек

2 зубчика чеснока

100 г сыра пармезан

4—6 ст. л. оливкового масла

1 ст. л. сливочного масла

горсть мелкорубленой петрушки

морская соль

свежемолотый черный перец

1. Лисички почистить, промыть; те, что покрупнее, порезать.

2. Разогреть оливковое и сливочное масло, обжаривать в нем чеснок в течение 2—3 минут.

3. Добавить лисички и как следует их посолить и поперчить (обязательно это делать в самом начале, тогда они, как губка, впитают все запахи). Тушить, не закрывая крышкой, минут 15—20.

4. Отварить тальятелле в подсоленной и подмасленной воде, откинуть их на дуршлаг.

5. Смешать макароны с грибами, присыпать сыром, натертым крупными хлопьями, петрушкой и сбрызнуть оливковым маслом.

Подавать немедленно.

Очень «русские» макароны! Зимой, когда нет лисичек, можно делать с другими грибами, но тогда добавляйте 50—100 мл сливок.

Цветные тальятелле

500 г макарон тальятелле

50 г твердого сыра

1 горсть базилика

Для соуса:

3—4 средних сладких помидора

1 молодая морковь

1 молодой цукини

3 ст. л. оливкового масла

2 ст. л. сливочного масла

морская соль

свежемолотый черный перец

1. Отварить макароны в подсоленной и подмасленной воде. Откинуть готовые макароны на дуршлаг, но при этом сохранить 100—150 мл воды.

2. Полить макароны соусом, все перемешать, присыпать сыром, натертым хлопьями, и базиликом. (Если получается слишком густо и сухо, разбавьте сохраненной от варки макарон водой, вливая ее небольшими порциями, чтобы не перестараться.)

Подавать немедленно.

Соус:

1. Морковь и цукини помыть и нарезать тонкими ленточками ножом для чистки картофеля.

2. Помидоры ошпарить кипятком, снять кожуру, вынуть сердцевину и разрезать на восемь частей.

3. Разогреть оливковое и сливочное масло, положить в масло все овощи и тушить 8—10 минут (они должны быть нежными, но не расползаться). Посолить, поперчить.

Подсмотрела рецепт в одной итальянской траттории. Не доваривайте макароны до готовности, а за 3—4 минуты отправьте их к овощам и уже там «доводите». Божественно!

Ризотто с тыквой

1 $\frac{1}{2}$ кг тыквы

1 палочка корицы

1 $\frac{1}{2}$ л куриного бульона

4 ст. л. оливкового масла

2 стебля сельдерея

2 небольшие красные луковицы

200 г бекона или копченого сала

3 зубчика чеснока

3 маленьких сухих стручка перца чили

400 г риса арборио

150 г твердого сыра

1 ст. л. сухого орегано

морская соль

свежемолотый черный перец

Духовку предварительно разогреть до 220 °C.

1. Тыкву почистить и нарезать на куски размером 3х4 см, натереть смесью соли, перца и орегано (половину орегано оставить).

2. Разложить куски на противне, чуть-чуть сбрызнуть оливковым маслом и запекать в разогретой духовке, пока она не станет мягкой и не приобретет золотистый оттенок (около 35—40 минут).

3. Готовую тыкву протереть через сито так, чтобы получилось пюре.

4. В глубокой тяжелой сковороде разогреть 3 ст. ложки оливкового масла и положить в него мелко нарубленные сельдерей и лук. Обжаривать 5—6 минут до прозрачности лука.

5. Добавить кусочки бекона, мелко нарубленный чеснок, перец чили, оставшуюся часть орегано и палочку корицы.

6. Все как следует перемешать, добавить рис и подержать 2—3 минуты на медленном огне, чтобы ингредиенты пропитались ароматами друг друга.

7. Дождаться, когда жидкость выкипит, и постепенно, половник за половником, добавлять предварительно разогретый бульон, постоянно помешивая и следя за тем, чтобы рис не плавал в жидкости, а впитывал бульон. Рис должен получиться al dente, а это значит, что каждая рисинка должна быть отдельной и довольно упругой.

8. Через 15—18 минут добавить в ризотто тыкву, при необходимости посолить и поперчить, сбрызнуть оливковым маслом и добавить натертый сыр. Если получилось очень густо, добавить бульон.

Ризотто с мятой и ветчиной

300 г риса для ризотто (арборио
или карнароли)

10 кусочков
нарезанной
не слишком тонко
ветчины (лучше
сыровяленой)

1 $\frac{1}{2}$ л куриного
бульона

100 г несоленого
сливочного масла

1 средняя луковица

2 стебля сельдерея

100 мл вермута (или
белого сухого вина)

100 г сыра пармезан

большая горсть
листьев свежей мяты

морская соль

свежемолотый
черный перец

1. Мяту помыть, как следует высушить.

2. Прогреть бульон, попробовать на соль
   и перец, если нужно — добавить.

3. Треть всей ветчины порезать на кусочки
   2—3 см.

4. Половину сливочного масла растопить
   в высокой сковороде с толстым дном
   и обжарить мелко порубленные лук и
   сельдерей до прозрачности; как только
   начнет появляться первый золотистый цвет,
   добавить кусочки ветчины.

5. Через 1—2 минуты добавить рис, энергично
   помешивая, так чтобы каждая рисинка
   пропиталась маслом и ароматом ветчины
   с луком.

6. Добавить вермут или белое вино,
   перемешать и позволить вину выпариться
   почти окончательно.

7. Понемножку начать добавлять бульон,
   половник за половником. Готовить
   на медленном огне, постоянно помешивая,
   добавляя бульон только тогда, когда ризотто
   впитало всю жидкость. Готовить ризотто,
   пока рис не станет упругим, сливочно—
   крахмальным, но ни в коем случае не будет
   сырым. Карнароли обычно готовят 20 минут,
   арборио иногда готовится быстрее —
   18 минут.

8. Добавить мелко—мелко нарубленную мяту,
   оставшееся масло, натертый на самой
   мелкой терке пармезан и все как следует
   перемешать. Ризотто должно всегда иметь
   сливочную консистенцию.

9. Оставшуюся ветчину тоже нарезать
   небольшими кусочками и присыпать ею
   ризотто в тарелках.

Телятина в белом вине

1800 г телятины
с косточкой

2 ст. л. муки

3 ст. л. оливкового
масла

4 ст. л. сливочного
масла

2 стебля сельдерея

2 зубчика чеснока

2 средние по размеру
луковицы

300 мл белого сухого
вина

морская соль

свежемолотый
черный перец

1. Мясо обвалять в перетертой смеси муки, соли и перца.

2. Разогреть оливковое и 2 ст. ложки сливочного масла, обжарить мясо с обеих сторон до золотистого цвета и снять его со сковороды.

3. Сельдерей, лук и чеснок почистить, мелко нарубить и поджаривать в оставшемся сливочном масле в течение 10 минут.

4. Положить мясо к луку, чесноку и сельдерею и влить вино. Тушить под крышкой не менее 2 часов.

Я ела такую телятину в Пьемонте, там же — лучший татарский бифштекс (рубленое сырое мясо) из телятины. Сырое мясо я дома готовить не рискую, но вот «Vitello al bianco» всегда вызывает бурные аплодисменты за столом. На следующий день это будет еще вкуснее!

Сальтимбока с творогом

4 очень тонкие
телячьи отбивные

150 г творога

4 полоски постной
ветчины
или карбонада

горсть мелкорубленых
кинзы, петрушки
и тархуна

1 зубчик чеснока

оливковое масло
первого холодного
отжима

морская соль

свежемолотый
черный перец

Духовку предварительно разогреть до 170 °C.

1. Зубчик чеснока измельчить и растереть
   с солью.

2. Творог протереть через сито, смешать
   с зеленью и чесноком.

3. Мясо хорошо отбить, поперчить и посолить.

4. Аккуратно намазать на отбивные творог
   с чесноком и травами, сверху положить
   ветчину, свернуть в рулетики и закрепить
   шпажками (можно использовать деревянные
   зубочистки).

5. Разогреть в глубокой сковороде оливковое
   масло и обжаривать рулетики в течение
   1,5—2 минут на каждой стороне
   до золотистого цвета, а затем поставить
   доходить в разогретую духовку
   на 10—12 минут.

Это блюдо можно готовить не только
из телятины — подойдут и отбивные
из индейки. Травки тоже можно брать любые,
которые вам нравятся. Подавать сальтимбоку
хорошо с салатом из руколы.

Телячьи скалоппини со спаржей

600 г телячьей вырезки

200 г спаржи

100 г сыра горгонзола

100 мл белого сухого вина

100 мл овощного или мясного бульона

100 мл 22%–ных сливок

2 ст. л. оливкового масла

1 ст. л. сливочного масла

морская соль

свежемолотый черный перец

1. Сыр порезать кубиками.

2. Вырезку вымыть, просушить бумажным полотенцем и нарезать пластинками толщиной 1 см, затем каждый кусочек отбить.

3. Разогреть оливковое и сливочное масло, обжарить мясо на сильном огне до золотистой корочки с обеих сторон, затем переложить в другую посуду, а в сковороду влить вино, бульон, посолить, поперчить и дать соусу выкипеть на треть.

4. Убавить огонь, вернуть в сковороду мясо, добавить сыр, сливки и томить все вместе 5—7 минут.

5. Отварить спаржу на пару и подавать телятину вместе со спаржей, полив пикантным соусом.

Потрясающий рецепт из Италии, вырезка должна быть очень свежей и, разумеется, немороженой, тогда успех вам обеспечен!

Говядина в соевом соусе

400 г говядины, самой лучшей вырезки

50 мл токайского сладкого вина

4 ст. л. соевого соуса

200 г грибов (шитаки, шампиньоны)

2 дольки чеснока

1 ч. л. натертого имбиря

1 красный перец чили

1 красная луковица

1 стакан риса

2 ст. л. рисового уксуса

листы для суши Nori

растительное масло

горсть листьев кинзы

1. Мясо вымыть, просушить бумажным полотенцем и нарезать на куски толщиной 1 см и размером с ладонь.

2. Сделать маринад из соевого соуса, вина и имбиря. Замариновать мясо и оставить на 30 минут минимум, а лучше на пару часов.

3. Разогреть растительное масло в сковороде с толстым дном и обжарить мясо по 3 минуты на каждой стороне. Выложить на тарелку и плотно закрыть фольгой, чтобы мясо дошло.

4. В этой же сковороде обжарить лук, нарезанный полукольцами, чеснок, нарезанный пластинками, и перец чили, нарезанный кружочками. Добавить нарезанные тонкими пластинками грибы, мясной маринад и тушить все вместе 5—7 минут.

5. Отварить рис, пока он еще теплый, добавить в него рисовый уксус.

6. На лист для суши выложить немного риса, сверху кусочек тонко нарезанного мяса, несколько грибов. Полить грибным соусом и присыпать кинзой.

Получаются «открытые» суши, можно все это завернуть в роллы. Если у вас останется соус, им можно заправить тушеные овощи или рис.

Ростбиф с горчичным соусом

1 кг говяжьей вырезки

2 ст. л. оливкового масла

1 ст. л. горчицы с зернышками

1 зубчик чеснока

10 горошин черного перца

морская соль

Для соуса:

100 мл оливкового масла

1 ст. л. горчицы с зернышками

2 желтка

сок половины лимона

пучок мяты

Духовку предварительно разогреть до 220 °C.

1. Мясо вымыть и просушить бумажным полотенцем.

2. В ступке растереть перец и соль, добавить оливковое масло. Натереть этой смесью мясо.

3. На хорошо разогретой сковороде обжарить мясо со всех сторон до золотистой корочки. Выложить на блюдо и дать мясу «отдохнуть» 5—10 минут.

4. Перемешать горчицу с измельченным чесноком и смазать мясо. Уложить его в утятницу или глубокий противень и запекать при температуре 220 °C 10 минут, затем убавить температуру до 150 °C и запекать еще 30—40 минут.

5. Сделать горчичный соус: взбить небольшим венчиком желтки с горчицей и лимонным соком, влить оливковое масло, добавляя его тонкой струйкой и не переставая взбивать. В загустевший соус добавить нарезанную мяту (немного мяты оставить).

6. Присыпать ростбиф мятой и подавать с горчичным соусом.

Потрясающая вещь — для гостей,
для любимого, для себя и подруги.
Качество мяса играет решающую роль,
должна вас расстроить — замороженное
мясо в этом случае не работает.

Свинина с яблоками

1 кг грудинки
или шейной части
свинины

1 крупная луковица

2 крупных ароматных
яблока (например
антоновка)

3—4 ст. л. раститель-
ного масла

1 батон белого хлеба
(вчерашний)

пучок шалфея

цедра 1 лимона

морская соль

свежемолотый
черный перец

Духовку предварительно разогреть до 250 °C.

1. Разогреть в сковороде 2 ст. ложки
   растительного масла. Обжарить в нем мелко
   нарезанный лук до золотистого цвета.

2. Яблоки нарезать дольками и добавить
   к луку, обжарить их до полной готовности.

3. С хлеба снять корку, поломать мякоть
   на небольшие кусочки.

4. Смешать соль, перец и оставшееся
   растительное масло, сбрызнуть этой смесью
   хлеб, разложить на противне и поставить
   в разогретую духовку на 10—15 минут, пока
   он не станет золотистого цвета.

5. Измельчить в блендере яблоки с луком,
   сухари и шалфей.

6. Мясо разрезать так, чтобы получился пласт,
   посолить и поперчить его, на середину
   пласта выложить яблочную начинку,
   свернуть его рулетом, перевязать бечевкой.
   Посыпать цедрой лимона.

7. Запекать в разогретой духовке 20 минут,
   убавить огонь до 160 °C и томить еще
   45—60 минут.

Если сочетание свинины и яблок кажется вам
подозрительным, делайте без них... но вы
многое теряете.

Свиная рулька, запеченная с картошкой

1—1,5 кг свиной рульки

8 лавровых листьев

3 зубчика молодого чеснока

2 ст. л. оливкового масла

1—1,5 кг картофеля

морская соль

свежемолотый черный перец

Духовку предварительно разогреть до 250 °C.

1. Отварить картофель до полуготовности.

2. Покрошить в ступку лавровые листья, добавить щепотку соли, очищенный чеснок, оливковое масло и измельчить все до состояния кашицы.

3. Сделать ножом надрезы в мясе, заполнить их чесночной заправкой, а оставшейся заправкой обмазать мясо со всех сторон и оставить пропитаться этим маринадом на 20—30 минут.

4. Выложить картошку на противень, посолить, посыпать черным перцем и поставить в духовку. Решетку для запекания поместить над картошкой, на нее положить свиную рульку, посыпав ее черным перцем. Запекать 10 минут, затем уменьшить температуру до 160 °C и запекать еще 1,5 часа.

Смысл в том, что вы находите хороший кусок мяса, тратите минимум времени на подготовительную работу, а остальное делает за вас духовка!

Свинина с фенхелем и чесноком

1 кг свинины (вырезка
или филейная часть
без кости)

2 ст. л. сливочного
масла

1 фенхель

6 зубчиков чеснока

2 лавровых листа

тмин

морская соль

черный перец
горошком

Духовку предварительно разогреть до 180 °C.

1. Измельчить щедрую щепотку тмина, горсть
   морской соли и 10 горошин перца.

2. Обвалять свинину в смеси перца, соли
   и тмина, свернуть ее так, чтобы получился
   рулет, и перевязать в нескольких местах
   ниткой.

3. В тяжелой сковороде (которую затем можно
   поставить в духовку) растопить сливочное
   масло и обжарить свинину с обеих сторон
   до золотистой корочки.

4. Добавить чеснок, тонко нарезанный
   фенхель и лавровые листья. Накрыть
   сковороду крышкой и в разогретой духовке
   выпекать свинину около полутора часов.

Готовую свинину не нарезать сразу, дать
постоять около 20 минут. Подавать с отварным
рисом.

Так свинину готовят в Италии, можно сказать,
что это очень простая, сытная, «сердечная»
еда: поел и понял — живу!

Бараний окорок с картошкой

1 бараний окорок на косточке (1,7—2 кг)

1 кг картофеля

200 г бекона

3 зубчика чеснока

4—5 веточек розмарина

3—4 ст. л. оливкового масла

морская соль

свежемолотый черный перец

Духовку предварительно разогреть до 180 °C.

1. На поверхности окорока сделать небольшие надрезы–проколы, вдоль кости сделать глубокие надрезы.

2. Оливковое масло, розмарин, чеснок, соль и перец растереть до однородной массы.

3. Наполнить этой массой все надрезы на мясе, затем обмазать весь окорок.

4. Установить на нижний уровень духовки пустой противень, а на средний — решетку. На решетку уложить окорок, запекать 1,5 часа.

5. Проварить в кипящей воде очищенный картофель до полуготовности, минут 10—15.

6. Аккуратно достать противень из духовки, выложить на него картофель, сверху разложить кусочки бекона. Вернуть противень с картошкой на нижний уровень духовки и продолжать запекать все еще 40—45 минут.

Держите мясо в духовке из расчета 45 минут на килограмм плюс 30 минут добавочного времени — это в том случае, если вас не пугает сочная, не до конца прожаренная середина. Если хотите совершенно дожаренного мяса, придется терпеть чувство невыносимого голода еще 45—60 минут.

Баранина с тмином и мятой

1 бараний окорок
(около 2,5 кг)

10 очищенных
зубчиков чеснока

2 красных перца чили

большая горсть мяты

4—5 ст. л. оливкового
масла

1 ст. л. тмина

сок 2 лимонов

морская соль

Духовку предварительно разогреть до 200 °C.

1. Плоской стороной ножа раздавить зубчики
   чеснока.

2. Перец чили нарезать небольшими
   кусочками, предварительно удалив семена
   из одного стручка (если боитесь острого —
   удаляйте из обоих).

3. Мелко порубить мяту.

4. Сделать маринад из оливкового масла,
   лимонного сока, мяты, перца, чеснока
   и тмина.

5. В баранине сделать глубокие надрезы вдоль
   кости и небольшие надрезы на мясе.

6. Обмазать баранину маринадом, постараться
   наполнить им все надрезы в мясе и оставить
   мариноваться на час.

7. Запекать около 1,5—2 часов в разогретой
   духовке.

Подавать, присыпав крупной морской солью.

Этот рецепт из небольшой римской траттории.
Секрет — не жалеть чеснока и мяты.
Я предпочитаю розовое, слегка недожаренное
мясо, но это дело вкуса. Обычно для
запекания хороша формула: на каждые
450 г — 15 минут плюс еще 30 минут. В любом
случае при прокалывании должен выделяться
прозрачный сок.

Ягнятина с теплым салатом и крутонами

600 г ягнятины
на ребрышках
(или отбивные)

4 средних патиссона
(480 г)

4 маленьких
баклажана (240 г)

150 г салата фриссе

3 крупных помидора
(570 г)

2 ломтика вчерашнего
хлеба «8 злаков»
(такой формы, чтобы
его удобно было
резать кубиками)

1 зубчик чеснока

несколько веточек
петрушки

125 мл куриного
или овощного бульона

2 ст. л. бальзамичес-
кого уксуса

1 ст. л. подсолнечного
масла

Духовку предварительно разогреть до 170 °C.

1. Раздавить чеснок плоской стороной ножа
   и смешать с подсолнечным маслом.

2. Обрезать у хлеба корочки, нарезать каждый
   кусок треугольниками, обмакнуть в масло
   с чесноком и уложить в один слой
   на противень. Запекать под грилем
   по 4 минуты с каждой стороны, пока крутоны
   не станут золотистыми и хрустящими.

3. Патиссоны и баклажаны тонко нарезать
   и обжарить на предварительно разогретой
   сковороде с антипригарным покрытием
   до готовности. Снять со сковороды
   и поставить в теплое место.

4. В той же сковороде обжарить мясо ягненка
   по 1 минуте с каждой стороны и поставить
   в разогретую духовку на 10 минут.

5. Налить бальзамический уксус в сотейник
   и довести до кипения. Добавить бульон,
   убавить огонь и оставить томиться
   без крышки, пока соус наполовину
   не выпарится.

6. Помидоры и петрушку порезать довольно
   крупно, добавить патиссоны, баклажаны
   и фриссе, заправить соусом
   из бальзамического уксуса и аккуратно
   перемешать.

Подавать жареную ягнятину с теплым салатом
и крутонами.

Кролик с оливками

небольшая тушка молодого кролика (1—1,5 кг)

50 мл оливкового или другого растительного масла

10—12 оливок

350 мл белого сухого вина

8 долек чеснока

6 небольших помидоров

пучок свежего розмарина

горсть муки

щепотка соли

щепотка перца

Духовку предварительно разогреть до 190 °C.

1. Тушку кролика вымыть, обсушить и разделать.

2. Смешать муку с солью и перцем и обвалять в ней кусочки кролика.

3. Разогреть масло в тяжелой кастрюле-чугунке или глубокой сковороде (которую можно поставить в духовку) и обжарить кусочки кролика до румяной корочки.

4. Раздавить слегка дольки чеснока и, не снимая с него шелухи, добавить в сковороду с кроликом, влить вино, положить нарезанные четвертинками помидоры, оливки (косточки удалить) и 4—5 веточек розмарина.

5. Накрыть сковороду крышкой и поставить в разогретую духовку на 25 минут, затем снять крышку и тушить еще 5—7 минут. Посыпать оставшимся розмарином.

Этот способ приготовления кролика гораздо интереснее традиционного в сметане — сметана спасает любое мясо, но легкого аромата дичи не остается. Если вы не уверены в возрасте вашего кролика, тушите мясо дольше, пока не увидите, что оно почти сваливается с косточки.

Цыпленок по-французски в красном вине

1 крупный цыпленок

300 г белых грибов (можно замороженных)

100 г куриной печенки

50 г бекона

$1\frac{1}{2}$ бутылки красного вина

50 мл коньяка

40 г сливочного масла

1 большой помидор

1 стебель сельдерея

8 луковиц–шалот

1 лук–порей

2 зубчика чеснока

несколько веточек петрушки и тимьяна

1 лавровый лист

морская соль

свежемолотый черный перец

1. Тушку цыпленка разрезать на крупные куски, посолить и поперчить.

2. Лук–шалот, порей и чеснок нарезать крупно, сельдерей — небольшими кубиками.

3. Разогреть в большой тяжелой кастрюле сливочное масло, добавить и обжарить цыпленка вместе с луком, чесноком и сельдереем до золотистого цвета.

4. Добавить нарезанный небольшими кусочками бекон, крупно нарезанный помидор, размороженные грибы, лавровый лист, веточки петрушки и тимьяна целиком (немного тимьяна оставить). Влить коньяк и бутылку вина, посолить, накрыть крышкой и томить на медленном огне около часа. Если жидкости становится мало, время от времени подливать оставшееся вино.

5. Вынуть куски курицы, грибы и бекон. Оставшийся в кастрюле соус протереть через сито, добавить куриную печенку, посолить, поперчить и томить на огне до готовности, затем взбить печенку вместе с соусом в блендере.

6. Вернуть кусочки цыпленка в соус, прогреть, присыпать оставшимся тимьяном.

Французские соусы к мясу — это тема отдельной книги, хотите приобщиться к пище богов — попробуйте, не пожалеете!

Пряная курица

1 небольшая курица

2—3 ст. л. меда

2 ст. л. соевого соуса

2 ст. л. размягченного
сливочного масла

2 палочки корицы

несколько звездочек
бадьяна

6 зерен кардамона

свежемолотый
черный перец

Духовку предварительно разогреть до 190 °C.

1. Соединить масло, мед и соевый соус, этой
   смесью натереть курицу изнутри и снаружи.

2. Половину порции корицы, бадьяна,
   измельченного кардамона и щепотку
   черного перца уложить внутрь курицы.

3. Курицу поместить в карман, сделанный
   из бумаги для выпечки, приправить
   оставшимися пряностями, закрыть карман
   и выпекать в разогретой духовке около
   1 часа.

Со взбитым масленым картофельным пюре —
один из самых вкусных домашних ужинов,
а для гостей вместо пюре сделайте румяную
картошку фри.

Цыпленок с чесноком, тимьяном и лимоном

2 небольших цыпленка

3 головки молоденького чеснока с зелеными побегами

1 перец чили без семян

3 ст. л. растительного масла

пучок тимьяна

сок 1 лимона

цедра 1 лимона

200 г размягченного сливочного масла

1 ст. л. соевого соуса

свежемолотый черный перец

морская соль

1. Разрезать тушки цыплят вдоль брюшка, отбить так, чтобы они приняли плоскую форму.

2. Сделать маринад из нарезанных чеснока и перца чили, растительного масла, половины сока лимона, мелко натертой лимонной цедры, половины тимьяна, щепотки свежемолотого перца и морской соли.

3. Обмазать цыплят маринадом, уложить в контейнер с закрывающейся крышкой и оставить минимум на 30 минут промариноваться.

4. Разогреть хорошенько сковороду-гриль. Жарить цыплят на медленном огне по 15 минут на каждой стороне.

5. Сливочное масло разделить на две части. В одну часть добавить 1 ч. ложку листьев тимьяна, по щепотке соли и перца и оставшийся лимонный сок, все хорошенько перемешать. Во вторую часть добавить 1 ч. ложку листиков тимьяна, щепотку свежемолотого перца и соевый соус и также хорошенько смешать.

Подавать цыплят с заправленным сливочным маслом.

Небольшое отступление от классики — цыпленка с чесноком — при помощи добавления пахучего, пряного тимьяна и соевого соуса в масляную заправку. Когда это масло тает на корочке цыпленка... Ах! Если приготовить три или даже четыре цыпленка, то оставшееся мясо назавтра добавляйте в сэндвичи, в салаты или ешьте так, холодным, стоя у раскрытого холодильника.

Едим Дома

Цитрусовые куриные крылышки

8—10 куриных крылышек

50 г коричневого сахара

сок 1 лайма

сок 1 грейпфрута

1 свежий перец чили

2 дольки чеснока

цедра 1 апельсина

1 ч. л. тмина

1 ст. л. уксуса белого вина

5 веточек свежего чабреца

10—12 горошин черного перца

морская соль

Духовку предварительно разогреть до 200 °C.

1. Растереть в ступке чеснок, щепотку соли, черный перец и чабрец. Натереть получившейся смесью вымытые и просушенные бумажным полотенцем куриные крылышки, положить в пакет и оставить на час в холодильнике.

2. Промаринованные крылышки выложить на решетку (под нее поставить противень) и запекать в разогретой духовке 25—30 минут.

3. Мелко нарезать перец чили, предварительно удалив семена.

4. Растереть тмин в ступке.

5. В тяжелую сковороду с толстым дном влить сок лайма и грейпфрута, добавить сахар, уксус, тмин и чили. На медленном огне уваривать соус в течение 20—30 минут, затем добавить мелко нарезанную цедру апельсина.

Подавать запеченные крылышки, полив их цитрусовым соусом.

В самолетах иногда бывают журналы с рассказами про путешествия, и в одном таком журнале был этот рецепт. Если у вас есть друзья, собирающиеся регулярно «на пиво», то это очень здорово вместо креветок, сухариков, орешков и, простите, иногда лучше воблы (тут я, наверное, загнула)!

Цыплята с маскарпоне

2 небольших цыпленка

4 ст. л. сыра маскарпоне

3 ст. л. оливкового масла

сок 2 лимонов

2 ст. л. изрубленных листьев розмарина

морская соль

свежемолотый черный перец

Духовку предварительно разогреть до 200 °C.

1. Цыплят вымыть, просушить бумажным полотенцем. Разрезать грудную кость цыплят, а на коже сделать как можно больше надрезов.

2. Перемешать маскарпоне с розмарином, щепоткой соли и перца.

3. Смазать цыплят заправленным сыром и начинить им надрезы, внутреннюю сторону посолить и поперчить.

4. Обжарить цыплят в разогретом оливковом масле с обеих сторон, уложить в жароупорную форму и запекать 15—20 минут.

5. В сковороду, где жарились цыплята, выложить оставшуюся начинку из маскарпоне, добавить лимонный сок. На медленном огне в течение 3—4 минут уварить все до состояния густого соуса.

Подавать цыплят, полив соусом.

Вместо маскарпоне можно использовать жирную сладкую сметану или даже сливочное масло. Соединение лимона и розмарина божественно, и, конечно, этот соус! Да здравствует бог чревоугодия!

Рождественский гусь с яблочным пюре

1 гусь (весом 4—5 кг)

2 кг картофеля

6 ароматных яблок

$^1/_2$ лимона

1 ст. л. сахара

3—4 ст. л. оливкового масла

3 луковицы

250 мл портвейна Массандра, мадеры или хереса

1 ч. л. горчичного порошка

2 ст. л. красносмородинового варенья или джема

1 ч. л. горчицы с зернышками

10 зерен красного перца

$^1/_2$ ч. л. крупной морской соли

Духовку предварительно разогреть до 220 °C.

1. Гуся вымыть, хорошенько просушить бумажным полотенцем, вырезать изнутри большие куски жира и проткнуть вилкой по всей поверхности кожи.

2. Растереть соль в ступке и натереть гуся снаружи и внутри солью. Завернуть крылышки и ножки в фольгу, чтобы они не сгорели, уложить гуся на большой противень и запекать 20 минут. Слить лишний жир из противня, перевернуть гуся и снять фольгу с лапок и крылышек, убавить температуру до 180 °C и запекать еще час—полтора.

3. Отварить картошку до полуготовности и выложить на противень к гусю. Запекать 20 минут, затем накрыть гуся фольгой, а картошку полить жиром, скопившимся в противне, и запекать еще около 20 минут.

4. Яблоки почистить и нарезать дольками, а лимон ломтиками. В кастрюльку влить пару столовых ложек воды и тушить яблоки, лимон с сахаром около 30—40 минут. Взбить в блендере до консистенции пюре.

5. Разогреть в сковороде оливковое масло и обжарить крупно нарезанный лук. Добавить вино, варенье, горчичный порошок и 750 мл горячей воды, уваривать в течение 15 минут, затем добавить горчицу. Вылить соус в противень, в котором запекался гусь, и поставить еще на 5—10 минут в духовку.

Полить гуся соусом и подавать с картошкой и яблочным пюре.

Индейка с пастернаком и клюквенным соусом

3—4 отбивные
из индейки

корень пастернака

5—6 зубчиков
молодого чеснока

70 г сливочного масла

2 ст. л. жидкого меда

50 мл горячей воды

свежий шалфей

2 ст. л. муки

горсть сухарей

100 г клюквы

1 ст. л. сахара

$\frac{1}{2}$ ч. л. зерен горчицы

1 гранат

1 ч. л. сухой паприки

150 г салата корн

4 яйца

растительное масло

свежемолотый
черный перец

морская соль

Духовку предварительно разогреть до 200 °C.

1. Почистить корень пастернака и нарезать длинными тонкими полосками. Уложить корешки в глубокий противень, добавить чеснок, сливочное масло, полить все медом и горячей водой, посыпать шалфеем, поперчить и посолить по вкусу. Накрыть противень фольгой и запекать корешки 20—30 минут в разогретой духовке.

2. Индейку отбить, посыпать рабочую поверхность мукой, добавить соль и перец, обвалять отбивные в муке с обеих сторон.

3. Разогреть в сковороде 2 ст. ложки растительного масла, взбить слегка 1 яйцо, обвалять индейку в яйце и сухарях и обжарить с обеих сторон до золотистого цвета. Выложить на бумажное полотенце.

4. В небольшую кастрюльку всыпать клюкву, сахар и зерна горчицы, добавить 3—4 ст. ложки сока граната, немного зерен граната и сухую паприку. Поставить все на огонь и уварить слегка заправку.

5. Отварить 3 яйца всмятку (3—4 минуты с момента закипания воды) и почистить. Разогреть в небольшой кастрюльке примерно 100 мл растительного масла. Опустить яйца в масло и обжарить до золотистого цвета.

6. Выложить на большое блюдо отбивные, присыпать их щедро корнем, сверху выложить коренья с чесноком. Хорошенько полить все клюквенной заправкой и тем соком, в котором томился пастернак. Выложить сверху яйца, разломив их пополам.

Рыба в панировке с теплым салатом из помидоров

4 куска филе белой рыбы (720 г)

1 красная луковица среднего размера

250 г помидоров черри

2 зубчика чеснока

55 г кукурузных хлопьев

2 яичных белка

150 г шпината

1 ст. л. каперсов

1 ст. л. муки

1 ч. л. свежемолотого тмина

1 ч. л. сладкой паприки

1 ч. л. куркумы

60 мл белого винного уксуса

растительное масло

Духовку предварительно разогреть до максимума.

1. Уложить помидоры целиком и разрезанный на четыре части лук на смазанный маслом противень.

2. Чеснок почистить, раздавить плоской стороной ножа, смешать с уксусом и полить овощи на противне этой смесью. Запекать под грилем без крышки примерно 20 минут, пока помидоры не станут мягкими.

3. Кукурузные хлопья растереть с пряностями.

4. Белки слегка взбить.

5. Обвалять рыбное филе в муке, потрясти, чтобы удалить излишки муки, обмакнуть его в белок, а затем в панировку из кукурузных хлопьев. Слегка смазать панированное филе маслом с двух сторон и запекать на противне под грилем, пока рыба не прожарится как следует с двух сторон.

6. В большой салатнице смешать каперсы, шпинат, запеченные помидоры и лук.

Подавать с салатом.

Для этого блюда подойдет любая рыба с белой упругой мякотью — линь, треска, дорада.

Семга с оливками

300 г филе семги
с кожей

2 небольших
помидора

8 оливок

$\frac{1}{2}$ молоденького
кабачка или цукини

10 каперсов

2 вяленых помидора
в оливковом масле

1 зубчик чеснока

оливковое масло

морская соль

свежемолотый
черный перец

1. В сковороде разогреть пару ложек
   оливкового масла, обжарить крупно
   нарезанный чеснок.

2. Кабачок нарезать ломтиками. Помидоры
   ошпарить, снять кожицу, удалить мякоть
   с семенами и соком и нарезать кубиками.

3. Добавить к чесноку кабачки, помидоры,
   оливки (косточки вынуть), каперсы,
   нарезанные кусочками вяленые помидоры.
   Поперчить и посолить по вкусу, тушить
   до готовности кабачков.

4. Разогреть хорошенько вторую сковороду,
   щедро посыпать ее солью. Обжарить семгу
   по нескольку минут на каждой стороне.
   (Жарьте сначала на той стороне, где есть
   кожица.)

5. Уложить семгу на блюдо, сверху выложить
   овощи и сбрызнуть оливковым маслом.

Если у вас всего 20 минут и нужно произвести
впечатление не только умной, красивой,
но и очень талантливой и тонко
разбирающейся в еде и домашнем уюте
женщины — вот ваш рецепт!

Выпечка, десерты, напитки

Клафути с черносливом

300 г чернослива
без косточек

225 мл молока

225 мл 33%–ных
сливок

4 яйца

75 г муки

75 г сахарной пудры

30 мл коньяка

1 ст. л. сливочного
масла

Духовку предварительно разогреть до 200 °C.

1. Замочить чернослив в коньяке на 20 минут.

2. Взбить сливки электрическим миксером
   в крепкую пену (осторожно, не перебить!).

3. Яйца взбить с сахарной пудрой
   до увеличения в объеме в два раза, добавить
   молоко, просеянную муку, осторожно ввести
   взбитые сливки.

4. Широкую форму выложить бумагой
   для выпечки, смазать ее маслом.

5. Отжать слегка чернослив, выложить его
   на бумагу в один слой.

6. На чернослив выложить тесто (оно должно
   получиться довольно жидким). Выпекать
   25—30 минут.

Клафути — легкий французский пирог.
В классическом варианте готовится из вишен,
но в этом рецепте используется чернослив.
Подавать на стол можно и горячим, и теплым,
и холодным — в любом случае не прогадаете!

Лимонный пирог

250 г сливочного масла

1 стакан сахара

1 стакан миндаля

3 яйца

цедра 2 лимонов

сок $^1/_2$ лимона

100 г кукурузной муки

$^1/_2$ ч. л. разрыхлителя

щепотка соли

Духовку предварительно разогреть до 170 °C.

1. Взбить масло и сахар до светлого легкого кремового состояния, ввести по одному яйца.

2. Измельчить миндаль в порошок и перемешать с полученной массой.

3. Добавить мелконатертую цедру, лимонный сок, кукурузную муку, разрыхлитель, соль.

4. Смазать форму маслом, выложить в нее тесто. Выпекать в разогретой духовке 40 минут.

Очень советую тем, кто любит все цитрусовое и, конечно, кукурузное. Утром, с кофе с молоком, ах!

Грушевый пирог

1 кг душистых груш

300 г сливочного масла

50 г меда

1 стакан сахара

4 яйца

130 г поленты (кукурузной муки)

40 г муки

1 ч. л. разрыхлителя

мелко натертая цедра 2 лимонов

сок $\frac{1}{2}$ лимона

Духовку предварительно разогреть до 180 °C.

1. Груши нарезать крупными кусками, удалив семена, сбрызнуть соком лимона.

2. В большой сковороде растопить 80 г сливочного масла, добавить мед и сварить карамель. Затем добавить груши, потомить несколько минут на медленном огне.

3. Оставшееся сливочное масло взбить с сахаром, ввести по одному яйца, добавить поленту, муку и разрыхлитель. Когда тесто станет однородным, добавить груши и цедру лимонов.

4. Застелить форму бумагой для выпечки, смазать ее маслом и выложить на нее тесто. Выпекать чуть больше часа. Проверить, готов ли пирог, проткнув его спичкой.

Хорошо, что груши теперь всегда есть в магазинах — даже зимой в них много фруктозы, клетчатки и пектина, а также витамина С. Груши хороши в компотах, в различных маринадах, повидле, в качестве сухофруктов и цукатов, а в выпечке — просто замечательны!

Рождественский пирог

350 г сливочного масла

350 г коричневого сахара

350 г муки

5 яиц

150 г фундука

100 г миндаля

200 г чернослива

200 г кураги

200 г изюма

200 г сушеной клюквы

200 г сушеного инжира

1 ч. л. разрыхлителя

коньяк

Духовку предварительно разогреть до 180 °С.

1. Все сухофрукты довольно мелко нарезать, так чтобы они были примерно одинакового размера.

2. Взбить коричневый сахар с маслом, ввести по одному яйца.

3. Добавить измельченные в блендере миндаль и фундук, а затем сухофрукты.

4. Ввести просеянную муку и разрыхлитель и вымешать все хорошенько.

5. Круглую высокую форму смазать маслом, присыпать мукой и выложить в нее тесто. Выпекать при температуре 180 °С один час, затем убавить до 160 °С и выпекать еще около 2 часов, прикрыв сверху бумагой для выпечки.

Готовый пирог сбрызнуть коньяком.

Этот пирог можно испечь заранее и хранить около двух недель, но тогда нужно обязательно «освежать» его каждый день коньяком!

Яблочный штрудель

250 г муки

100 г размягченного сливочного масла

50 г сахара

100 мл теплой воды

7—8 крепких пахучих яблок

70 г миндаля

80 г изюма

1 яйцо

1 желток

3 ст. л. растительного масла

30 г панировочных сухарей
или измельченного бисквитного печенья

$\frac{1}{4}$ ч. л. корицы

2 ст. л. молока

сок $\frac{1}{2}$ лимона

щепотка соли

Духовку предварительно разогреть до 220 °C.

1. Просеять муку, сделать в ней ямку. Влить 1 ст. ложку растительного масла, добавить яйцо, щепотку соли и воду, замесить тесто.

2. Разделить тесто на две части. В одну часть добавить еще 1 ст. ложку растительного масла, соединить со второй частью и снова вымесить.

3. Скатать шар, примять его рукой, полить оставшимся маслом. Накрыть миской и оставить на полчаса.

4. Яблоки нарезать тонкими дольками, сбрызнуть лимонным соком.

5. Миндаль измельчить, изюм обдать кипятком.

6. Большое хлопчатобумажное полотенце присыпать мукой, раскатать на нем тесто как можно тоньше.

7. Смазать тесто половиной сливочного масла, присыпать сухарями, оставив с одного края теста полоску шириной 10 см.

8. На сухари равномерно выложить яблоки, изюм, миндаль. Присыпать сахаром, смешанным с корицей, положить несколько кусочков сливочного масла.

9. Разбить вилкой желток с молоком и смазать полоску теста без начинки.

10. С помощью полотенца свернуть штрудель «колбаской».

11. Смазать противень оставшимся маслом, присыпать мукой и уложить штрудель швом вниз. Смазать его желтком с молоком и выпекать 40 минут.

Во время выпекания еще 2—3 раза смазать штрудель желтком с молоком.

Венский пирог с вишней

400 г свежей или замороженной вишни

200 г пшеничной муки

180 г размягченного сливочного масла

140 г мелкого сахара или сахарной пудры

4 яйца

1 ч. л. разрыхлителя

горсть нарезанного лепестками миндаля

1 ч. л. ванильного экстракта

сахарная пудра

щепотка морской соли

Духовку предварительно разогреть до 180 °C.

1. Разъемную форму смазать сливочным маслом.

2. Замороженную вишню разморозить.

3. Взбить масло с сахаром до состояния легкого крема, продолжая взбивать, по одному ввести яйца, затем половину просеянной предварительно муки, щепотку соли, разрыхлитель и ванильный экстракт. Добавить оставшуюся муку.

4. Выложить тесто в форму, а сверху — как можно больше вишни.

5. Присыпать пирог миндальными лепестками и выпекать 30—35 минут, до готовности. Проверить, проткнув спичкой — она должна остаться сухой.

Готовый пирог посыпать сахарной пудрой.

В Будапеште есть очень симпатичное кафе New York. Я не знаю, почему оно так называется, но булочки там — просто не оторваться, а самое опасное — вот этот Венский пирог, мой рекорд — 4 порции за час! Очень рекомендую заварить к нему ароматный чай, я в тот памятный день выпила два чайника Earl Grey. И еще в New York Cafe его подавали со взбитыми сливками — оно, собственно, и понятно, кто же в Вене ест пирожное без сливок?

Кокосовые тучки

1 белок

85 г сахарной пудры

2 ч. л. кукурузной муки

90 г кокосовой стружки

$^1/_2$ плитки шоколада

Духовку предварительно разогреть до 150 °C.

1. Взбить миксером белок, добавить к нему сахарную пудру.

2. Продолжая взбивать, добавить кукурузную муку и кокосовую стружку.

3. Застелить противень фольгой, выложить на нее кокосовую массу в виде шариков. Выпекать 15—20 минут.

4. Растопить на водяной бане шоколад. Готовые пирожные сверху полить шоколадом.

Очень важно взбить охлажденный белок с щепоткой соли в крепкую пену. Если тесто все же жидковато, не бойтесь добавить по паре ложек кукурузной муки и кокосовой стружки.

Едим Дома

Миндальное печенье «Тюиль»

120 г миндальных хлопьев

3 очень холодных белка

1 желток

150 г мелкого сахара

50 г муки

1 ст. л. сахарной пудры

морская соль

Духовку предварительно разогреть до 200 °C.

1. Белки взбить со щепоткой соли в плотную пену.

2. Желток взбить с сахаром, всыпать муку, ввести взбитые белки, затем, не переставая взбивать, добавить порциями миндальные хлопья.

3. Смазать маслом бумагу для выпечки, ложкой выложить на бумагу небольшие тоненькие лепешки.

4. Выпекать в разогретой духовке 6—8 минут, затем горячие печеньица уложить на скалку, чтобы они, застывая, приобрели изогнутую форму. Присыпать сахарной пудрой.

Этот рецепт из Франции, печеньица получаются настолько вкусными, что улетают почти мгновенно. Разложите в несколько небольших вазочек, иначе не все ваши гости успеют попробовать!

Шоколадный мусс

150 г черного шоколада

150 мл сливок

1 стручок ванили

80 г сахара

4 яйца

морская соль

1. Растопить шоколад на водяной бане.

2. Разрезать вдоль стручок ванили, ножом вынуть из него семена, положить их в сливки, затем влить сливки в растопленный шоколад.

3. Отделить белки от желтков, взбить желтки с сахаром, ввести их в шоколадно-сливочную массу и аккуратно перемешать.

4. Взбить в крепкую пену белки со щепоткой соли.

5. Соединить белки с шоколадной массой и осторожно перемешать.

6. Переложить получившуюся массу в глубокую посуду, в которой вы будете ее подавать, или в отдельные формочки — стаканчики и поставить в холодильник на 4—5 часов.

На 6 человек, а если выложить в маленькие кофейные чашки, то хватит и на 10—12. И желание сладкого удовлетворили, и талию не испортили.
Можно использовать белый шоколад вместо черного, тогда кладите 40—50 г сахара.

Тирамису

400 г сливочного сыра маскарпоне

5 яиц

$1/_2$ стакана сахарной пудры

2 ст. л. коньяка (амаретто, рома)

250 мл крепкого кофе

бисквит или
1 упаковка печенья «Дамские пальчики»

2 ч. л. какао–порошка

1. Отделить белки от желтков, взбить желтки с сахарной пудрой до увеличения объема в 3—4 раза, добавить сыр маскарпоне и хорошо вымесить.

2. Взбить белки в крепкую пену, добавить в сырную смесь и аккуратно перемешать.

3. Разрезать бисквит на небольшие полоски. В заваренный кофе добавить коньяк и пропитать кусочки бисквита, в фаянсовую или стеклянную форму одним слоем выложить бисквит.

4. Выложить слой сырной смеси на кусочки бисквита, затем снова бисквит и снова крем (последним должен оказаться слой крема) и поставить в холодильник на несколько часов.

Перед подачей присыпать какао–порошком.

Если тирамису можно резать ножом, значит, это не тирамису! Тирамису накладывают только ложкой. Как правило, назавтра оно еще вкуснее!

Эклеры

150 г муки

1 стакан воды

100 г сливочного масла

1 ст. л. сахара

3—4 яйца

1 ч. л. соли

Крем:

50 г сахарной пудры

2 желтка

25 г кукурузной муки

1 стручок ванили

250 мл молока

Духовку предварительно разогреть до 180 °C.

1. Муку просеять.

2. Масло, соль, сахар и воду соединить в кастрюльке и довести до кипения на медленном огне. Как только жидкость закипит, снять с огня.

3. Ввести муку, очень энергично вымешивая.

4. Оставить охлаждаться на 2—3 минуты.

5. Ввести по одному яйца. Сначала 3 шт., а если консистенция слишком крутая — ввести еще одно. Тесто должно получиться гладким и блестящим.

6. Ложкой выложить тесто в форме шариков на противень на расстоянии 2—3 см друг от друга (или использовать кондитерский шприц и выдавить «правильные» длинные эклеры).

7. Выпекать 20—25 минут, не открывая духовки, затем уменьшить температуру до 160 °C и выпекать еще 15 минут.

8. Вынуть из духовки. Дать остыть и наполнить кремом.

Крем:

1. Венчиком взбить сахар, желтки и кукурузную муку.

2. Разрезать стручок ванили вдоль, вынуть из него семечки. Семечки и сам стручок добавить в молоко и довести его до кипения.

3. Молоко добавить в желтковую массу и очень быстро все вернуть на огонь.

4. Постоянно помешивая, довести до кипения, затем протереть через сито, охладить полученную массу и наполнить пирожные.

Шоколадный торт «Два ореха»

2 плитки горького
шоколада

200 г грецких орехов

200 г миндаля

125 г размягченного
сливочного масла

120 г сахара

6 яиц

Духовку предварительно разогреть до 180 °C.

1. Шоколад поломать на крупные куски и вместе с орехами измельчить в блендере, но не в муку, а в среднюю крошку. $\frac{1}{3}$ всего шоколада оставить и, поломав на небольшие кусочки, вдавить его в тесто перед тем, как ставить форму в духовку. Тогда, если вы подаете пирог теплым, шоколад останется жидким и будет приятно вытекать.

2. Отделить белки от желтков. Сахар растереть с размягченным сливочным маслом до консистенции светлого крема, ввести по одному желтки, затем осторожно вмешать туда орехи с шоколадом.

3. Взбить белки в крепкую пену и аккуратно соединить с основной массой. Старайтесь не очень усердствовать в перемешивании, чтобы в тесте остались пузырьки воздуха.

4. Разъемную форму смазать сливочным маслом, выложить в нее тесто и выпекать 35—45 минут в разогретой духовке.

Если остался кусочек после ухода гостей — завернуть в фольгу, положить в небольшой пластиковый контейнер, в сумку и прихватить с собой на работу. Только никому не показывайте — отберут.

Марокканский торт

250 г кедровых орешков

250 г сливочного масла

200 г сахара

3 яйца

4 ст. л. меда

115 г муки

цедра 1 апельсина

Духовку предварительно разогреть до 180 °C.

1. Слегка обжарить кедровые орешки.

2. Взбить миксером масло с сахаром до консистенции светлого легкого крема, по одному ввести яйца, продолжая взбивать.

3. Добавить мед, муку, мелко натертую цедру апельсина.

4. В получившуюся массу добавить кедровые орешки.

5. Выложить тесто в разъемную форму, смазанную маслом. Выпекать в разогретой духовке 25—30 минут.

Очень просто и красиво. Настоящий праздничный десерт. Шарик ванильного мороженого или взбитые сливки (только не из распылителя) очень его украсят. А с мятным чаем... за уши не оттащить!

Ешь Дома

Апельсиновый торт

2 апельсина

7 яиц

300 г сахара

200 г размягченного сливочного масла

10 штук «Дамских пальчиков» (или другого бисквитного печенья)

1 стакан грецких орехов

500 г жирной сметаны

мелко натертая цедра 1 лимона

сок 1 лимона

Духовку предварительно разогреть до 180 °C.

1. Отварить один апельсин (варить около 30 минут).

2. По очереди взбить в блендере отваренный апельсин, орехи, печенье.

3. Отделить желтки от белков. Взбить желтки со 150 г сахара, добавить масло. Продолжая взбивать, ввести орехи, печенье и апельсин.

4. Взбить белки в крепкую пену, добавить 50 г сахара и перемешать.

5. Ввести белки в апельсиново-ореховую массу, перемешать.

6. Круглую форму выстелить бумагой для выпечки, смазать бумагу маслом. Выложить половину теста, ровно распределить по бумаге и испечь корж. Затем точно так же испечь второй корж. Коржи выпекаются 25—30 минут.

7. Взбить венчиком сметану с оставшимся сахаром, добавить сок и цедру лимона. На каждый корж выложить слой крема и украсить дольками апельсина.

Мы были на гастролях со спектаклем «Чайка» в Тбилиси, после спектакля ко мне подошла женщина и подарила этот рецепт. Даже еще не приготовив по нему пирог, я знала — это шедевр, в Тбилиси такая домашняя выпечка!..

Ореховый торт со сливами

1 кг слив (сливы должны быть крепкие и сочные)

125 г миндаля

125 г фундука

200 г размягченного сливочного масла

150 г сахарной пудры

3 яйца

100 г муки

4 ст. л. абрикосового варенья (или любого варенья, которое вам по вкусу)

Духовку разогреть до 190 °C.

1. Измельчить в блендере миндаль и фундук.

2. Взбить размягченное сливочное масло с сахарной пудрой, продолжая взбивать, ввести по одному яйца, добавить орехи, просеянную муку.

3. Сливы разрезать вдоль на четыре части.

4. Смазать круглую разъемную форму диаметром 28 см маслом и выложить в нее тесто.

5. Начиная от центра, воткнуть дольки слив, наполовину погружая их в тесто (постараться разместить как можно больше слив).

6. Первые 15 минут выпекать при температуре 190 °C, затем убавить до 150 °C и выпекать еще 30—40 минут.

7. Подогреть варенье в кастрюльке, чтобы оно стало жидким, протереть через сито. Кулинарной кисточкой смазать пирог вареньем, чтобы получилась блестящая глазурь.

Хорошие сливы зимой стоят дорого, но к Новому году можно побаловать себя и купить килограммчик — ваш торт в результате все равно получится дешевле покупного, а вкус у него просто божественный!

Торт из шоколадных меренг с шоколадным кремом

6 яиц

300 г мелкого сахара

300 мл молока

300 мл сливок

1 плитка шоколада

горсть фисташек

4 ст. л. какао

1—2 ст. л. муки

1 ч. л. винного уксуса

1 ч. л. ванильного экстракта

щепотка морской соли

Духовку предварительно разогреть до 140 °C.

1. Отделить белки от желтков. Взбить белки со щепоткой соли. Не переставая взбивать, ввести небольшими порциями 200 г сахара, 2 ст. ложки просеянного какао и винный уксус.

2. Нарисовать на бумаге для выпечки два круга, выложить на них белковое тесто и выпекать 1 час. Затем духовку выключить и оставить меренги внутри еще на 1 час.

3. Довести до кипения молоко вместе со сливками. Взбить желтки со 100 г сахара до состояния светлой пышной массы, ввести 2 ст. ложки какао и муку. Помешивая, влить к желткам горячее молоко со сливками и заварить на водяной бане крем.

4. Растопить на водяной бане шоколад и ввести его в крем, добавить ванильный экстракт, перемешать и остудить.

Щедро смазать остывшие меренги шоколадным кремом, уложить одну на другую и присыпать фисташками.

Торт можно украсить по желанию, например живыми красными розами, которые не обязательно есть!

Едим Дома

Панна кота

600 мл сливок

$1/2$ стакана сахарной пудры

2 ст. л. сахара

$1/2$ стакана молока

цедра 1 лимона

ванильная палочка или ванильный концентрат

1 упаковка желатина

6—8 слив

алкоголь (граппа, коньяк, ром и т.д., но не водка)

1. Желатин замочить в молоке и дать постоять, пока он не растворится.

2. В 400 мл сливок добавить цедру лимона и ванильную палочку (или пару капель концентрата) и довести до кипения. Снять с огня и вынуть цедру и ванильную палочку.

3. Соединить желатин со сливками и перемешать (если желатин плохо растворился, процедить жидкость через ситечко).

4. Оставшиеся 200 мл сливок слегка взбить с сахарной пудрой, добавить 1 ст. ложку алкоголя.

5. Соединить обе части сливок. Разлить сливочное желе в небольшие чашки или мисочки и поставить в холодильник на 2—3 часа.

6. Сливы разломать пополам, слегка потушить на сковороде, добавив 2 ст. ложки сахара. В последний момент добавить 2 ст. ложки алкоголя. Горячими сливами украсить застывшее желе.

У меня получается 10—12 порций, но иногда я разливаю сливочное не застывшее еще желе по очень маленьким глубоким мискам, тогда получается около двадцати.
В холодильнике прекрасно сохраняется пару дней (не забудьте замок повесить на холодильник)! Если алкоголь не добавлять, десерт будет более плотным. Лично мне нравится такая слегка «плывущая» фактура.

Мороженое «Семифреддо»

1 стакан жареного
фундука

150 г сахара

3 ст. л. воды

3 яйца

360 мл сливок

щепотка соли

1. Из 100 г сахара сварить карамель
   и добавить в нее фундук.

2. После застывания карамелизированный
   фундук измельчить или разбить скалкой.

3. Отделить белки от желтков, взбить желтки,
   оставшийся сахар и сливки. В полученную
   смесь добавить измельченный фундук.

4. Взбить белки, добавив щепотку соли.
   Осторожно ввести белки в орехово-
   желтковую массу.

5. Поставить в морозильник минимум
   на 40 минут.

Когда мой муж привез меня впервые в Италию,
он обещал мне фантастический десерт —
замороженное пирожное Semifreddo.
Во Флоренции, городе, знаменитом своим
мороженым, мы почти в каждом кафе
и у каждого мороженщика просили
Semifreddo — все было не то, стыдно
признаться, рожки отправлялись в урну один
за другим. И только в маленькой траттории
вечером нам, совсем отчаявшимся, наконец
подали настоящее чудо — замороженное
пирожное — не слишком сладкое, легкое,
мягкое и совсем не жирное — вот рецепт!

Gin Gimlet

50 мл джина

25 мл сока лайма

вяленая клюква

лед

1. Вылить джин и сок лайма в шейкер.

2. Добавить лед и хорошенько перемешать.

3. Пропустить через стрейнер и подавать в охлажденном бокале для мартини безо льда с вяленой клюквой.

Vodka Gimlet

50 мл водки

25 мл сока лайма

вяленая клюква

лед

1. Вылить водку и сок лайма в шейкер.

2. Добавить лед и хорошенько перемешать.

3. Пропустить через стрейнер и подавать в охлажденном бокале для мартини безо льда с вяленой клюквой.

Rosso Royal

1 бутылка сухого шампанского

250 мл красного мартини

50 мл клюквенного сиропа

150 г красной смородины на веточках

1. Влить в большой графин мартини.

2. Добавить клюквенный сироп и шампанское.

3. Разлить коктейль по бокалам и украсить веточками смородины.

Kir Royal

1 бокал шампанского

20 мл черносмороди-нового ликера Crème de Cassis

1. Шампанское как следует охладить.

2. Налить в высокий фужер черносмородиновый ликер и долить шампанским. Перемешать.

Белый русский

50 мл водки

25 мл кофейного ликера Калуа

25 мл сливок

лед

1. Водку, ликер и лед поместить в шейкер и встряхнуть.

2. Влить в бокал для мартини, а затем осторожно, по ложке или лезвию ножа, влить сливки.

Черный русский

50 мл водки

25 мл кофейного ликера Калуа

лед

1. Поместить все ингредиенты в коктейльный шейкер.

2. Хорошенько встряхнуть.

Пряный яблочный сок

2 л яблочного сока

7 гвоздичек

1 палочка корицы

$\frac{1}{4}$ ч. л. мускатного ореха

2 яблока

1. В кастрюлю вылить яблочный сок.

2. Добавить гвоздику, корицу, мускатный орех и поставить на огонь. Довести до кипения, но не кипятить.

3. Процедить, добавить тонко нарезанные яблоки и дать настояться около часа.

Домашний лимонад

1800 г лимонов

300 г сахарной пудры

10—15 листочков свежей мяты

лед

1. Выжать сок из лимонов (желательно с мякотью).

2. Добавить сахарную пудру, перемешать до полного растворения.

3. В большой кувшин насыпать на $\frac{3}{4}$ льда, влить сладкий лимонный сок и бросить несколько листочков мяты.

Кофе Марокино

35 мл свежесваренного горячего эспрессо

2 ч. л. взбитого горячего молока

2 ч. л. какао

1. Всыпать в чашку половину чайной ложки какао.

2. Влить эспрессо, а поверх него горячее взбитое молоко.

3. Сверху выложить толстым слоем оставшееся какао.

Кофе Карахильо

1 часть свежесваренного эспрессо

1 часть рома

коричневый сахар

1. Налить в бокал ром и подогреть.

2. Влить горячий кофе.

3. Добавить сахар по вкусу и перемешать.

Алфавитный указатель

Издание для досуга

Высоцкая Юлия Александровна

НОВОГОДНИЕ РЕЦЕПТЫ

Ответственные редакторы *И. Лазарев, Т. Радина*
Редактор *Е. Торбенкова*
Художественный редактор *А. Мусин*
Технический редактор *М. Печковская*
Компьютерная верстка *Г. Дегтяренко*
Корректор *Е. Щукина*

ООО «Издательство «Эксмо»
127299, Москва, ул. Клары Цеткин, д. 18/5. Тел. 411-68-86, 956-39-21.
Home page: **www.eksmo.ru**   E-mail: **info@eksmo.ru**

Оптовая торговля книгами «Эксмо»:
ООО «ТД «Эксмо». 142700, Московская обл., Ленинский р-н, г. Видное,
Белокаменное ш., д. 1, многоканальный тел. 411-50-74.
E-mail: **reception@eksmo-sale.ru**

*По вопросам приобретения книг «Эксмо» зарубежными оптовыми
покупателями* обращаться в отдел зарубежных продаж ТД «Эксмо»
E-mail: **international@eksmo-sale.ru**

*International Sales: International wholesale customers should contact
Foreign Sales Department of Trading House «Eksmo» for their orders.*
international@eksmo-sale.ru

*По вопросам заказа книг корпоративным клиентам, в том числе в специальном оформ-
лении,* обращаться по тел. 411-68-59, доб. 2115, 2117, 2118. E-mail: **vipzakaz@eksmo.ru**

Оптовая торговля бумажно-беловыми
и канцелярскими товарами для школы и офиса «Канц-Эксмо»:
Компания «Канц-Эксмо»: 142702, Московская обл., Ленинский р-н, г. Видное-2,
Белокаменное ш., д. 1, а/я 5. Тел./факс +7 (495) 745-28-87 (многоканальный).
e-mail: **kanc@eksmo-sale.ru**, сайт: **www.kanc-eksmo.ru**

Полный ассортимент книг издательства «Эксмо» для оптовых покупателей:
В Санкт-Петербурге: ООО СЗКО, пр-т Обуховской Обороны, д. 84Е. Тел. (812) 365-46-03/04.
В Нижнем Новгороде: ООО ТД «Эксмо НН», ул. Маршала Воронова, д. 3. Тел. (8312) 72-36-70.
В Казани: Филиал ООО «РДЦ-Самара», ул. Фрезерная, д. 5. Тел. (843) 570-40-45/46.
В Ростове-на-Дону: ООО «РДЦ-Ростов», пр. Стачки, 243А. Тел. (863) 220-19-34.
В Самаре: ООО «РДЦ-Самара», пр-т Кирова, д. 75/1, литера «Е». Тел. (846) 269-66-70.
В Екатеринбурге: ООО «РДЦ-Екатеринбург», ул. Прибалтийская, д. 24а. Тел. (343) 378-49-45.
В Новосибирске: ООО «РДЦ-Новосибирск», Комбинатский пер., д. 3. Тел. +7 (383) 289-91-42.
E-mail: **eksmo-nsk@yandex.ru**
В Киеве: ООО «РДЦ Эксмо-Украина», Московский пр-т, д. 9. Тел./факс (044) 495-79-80/81.
Во Львове: ТП ООО «Эксмо-Запад», ул. Бузкова, д. 2. Тел./факс (032) 245-00-19.
В Симферополе: ООО «Эксмо-Крым», ул. Киевская, д. 153. Тел./факс (0652) 22-90-03, 54-32-99.
В Казахстане: ТОО «РДЦ-Алматы», ул. Домбровского, д. 3а. Тел./факс (727) 251-59-90/91.
rdc-almaty@mail.ru

Подписано в печать 23.09.2010.
Формат 60×84 $^1/_{16}$. Гарнитура «Helios». Печать офсетная.
Бумага мел. Усл. печ. л. 9,33.
Тираж 30 000 экз. Заказ № 3065.

Отпечатано в соответствии с предоставленными материалами
в ЗАО «ИПК Парето-Принт», г. Тверь
www.pareto-print.ru

ISBN 978-5-699-44447-2